Historias de inmigración

Marcus McArthur, Ph.D.

Asesoras

Shelley Scudder
Maestra de educación de
estudiantes dotados
Broward County Schools

Caryn Williams, M.S.Ed.
Madison County Schools
Huntsville, AL

Créditos de publicación

Conni Medina, M.A.Ed., *Gerente editorial*

Lee Aucoin, *Diseñadora de multimedia principal*

Torrey Maloof, *Editora*

Marissa Rodriguez, *Diseñadora*

Stephanie Reid, *Editora de fotos*

Rachelle Cracchiolo, M.S.Ed., *Editora comercial*

Créditos de imágenes: Portada, págs. 1, 16, 18–19, 20 Michelle Arias; págs. 9, 6 Berkeley Architectural Heritage Association; págs. 10–11 Bridgeman; pág. 15 Famous Records gentileza de Judica Sound Archives; págs. 8–9, 17, 21 Getty Images; pág. 12 The Granger Collection; pág. 4 The Library of Congress [LC-DIG-ggbain-30546]; pág. 26–27 Stephanie Reid/The Library of Congress [LC-USZC2-1255]; págs. 11, 32 gentileza de Milken Archive; pág. 13 National Parks; págs. 6–7, 23–25, 28 Newscom; todas las demás imágenes pertenecen a Shutterstock.

Teacher Created Materials

5301 Oceanus Drive
Huntington Beach, CA 92649-1030
http://www.tcmpub.com

ISBN 978-1-4938-0543-3

© 2016 Teacher Created Materials, Inc.

Índice

Estos inmigrantes pisan suelo estadounidense por primera vez.

¡Hacia Estados Unidos!

Hay muchos **inmigrantes** en Estados Unidos. Los inmigrantes son personas que se mudan a otro país para vivir allí. Cada inmigrante tiene una historia para contar. Cuentan historias sobre el lugar de donde vinieron. Cuentan historias sobre su vida en Estados Unidos.

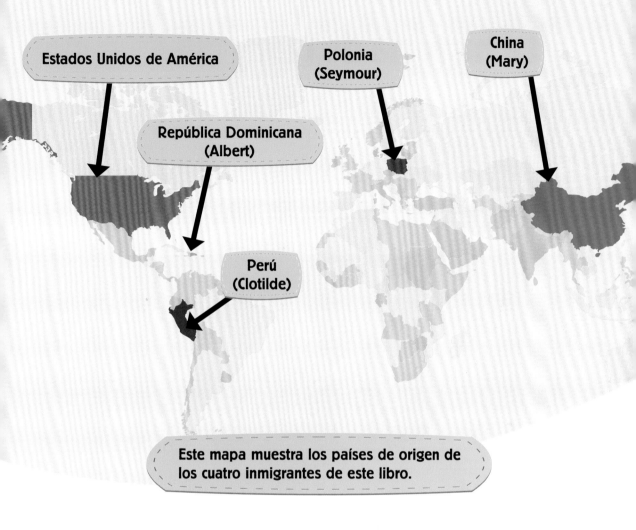

Estados Unidos de América

República Dominicana
(Albert)

Polonia
(Seymour)

China
(Mary)

Perú
(Clotilde)

Este mapa muestra los países de origen de
los cuatro inmigrantes de este libro.

En este libro, leerás las historias de cuatro
inmigrantes. Sus nombres son Seymour, Mary, Clotilde
y Albert.

La historia de Mary

Mary nació en China en 1857. Era **huérfana**. Los huérfanos no tienen padres que los críen.

Ella es Mary de adulta con su esposo.

Cuando Mary tenía 11 años, su vida cambió. Un estadounidense la trajo a vivir a San Francisco, California. Vivió en una casa con otros huérfanos. Allí aprendió a hablar inglés.

Angel Island

Muchos inmigrantes chinos ingresaron a Estados Unidos por Angel Island en San Francisco. Era una estación de **inmigración**.

Angel Island

Cuando Mary tenía 18 años, se casó con Joseph Tape. Él también era un inmigrante de China. Mary y Joseph tuvieron cuatro hijos. Criaron a sus hijos en San Francisco.

Ellos son estudiantes chinos en San Francisco en 1920.

En aquella época, a los niños chinos no se les permitía ir a las mismas escuelas que los niños blancos. En 1885, Mary luchó tenazmente para cambiar esta **ley**. Otras personas se unieron a la lucha de Mary. Pero la ley no se modificó hasta 1947.

La historia de Tape

El nombre de Joseph Tape había sido Chew Diep. Él quería tener un nombre estadounidense. Entonces cambió *Chew* por *Joe* y *Diep* por *Tape*.

Ellos son Joseph y Mary en 1930.

La historia de Seymour

Seymour Rechtzeit era un niño que vivía en Polonia. Le encantaba cantar. Era muy buen cantante. No pasó mucho tiempo para que se hiciera famoso.

Seymour creció en un pueblo polaco como este.

Seymour cantó en muchos conciertos. Las personas de Polonia lo llamaban *wunderkind*. Esto significa "niño maravilla". ¡Seymour solo tenía cuatro años!

Este afiche muestra a Seymour cuando era una estrella en Polonia.

Los padres de Seymour creyeron que podría ser más famoso en Estados Unidos. En 1920, Seymour y su padre se fueron de Polonia hacia Estados Unidos. Fue un viaje en barco largo y muy frío.

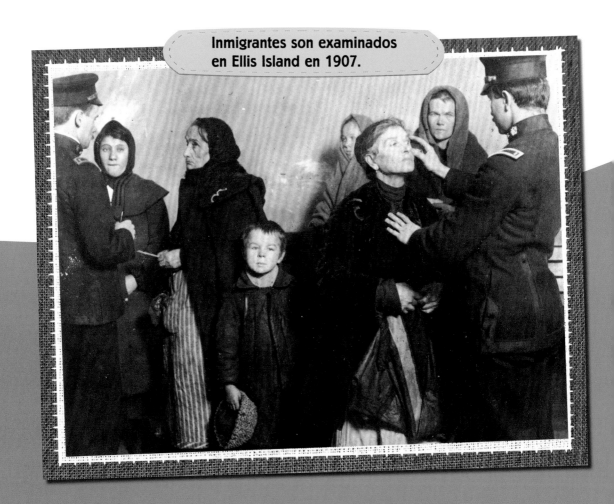

Inmigrantes son examinados en Ellis Island en 1907.

Llegaron a Ellis Island. Los examinaron para asegurarse de que estaban sanos. Si los inmigrantes estaban enfermos, no podían ingresar al país. Seymour estaba enfermo. Debió permanecer en Ellis Island hasta que mejoró.

Ellis Island

Muchos inmigrantes ingresaron a Estados Unidos por Ellis Island en Nueva York. Casi 40 millones de inmigrantes pasaron por esta estación de inmigración.

Esta es la estación de inmigración Ellis Island en 1905.

Seymour se recuperó. Pronto se convirtió en una estrella en Estados Unidos. Ganó suficiente dinero como para traer de Polonia al resto de su familia. Pero una nueva ley estableció **cupos**, o límites, de inmigración. Esto significó que la familia de Seymour no pudo venir a Estados Unidos.

Calvin Coolidge era presidente cuando Seymour cantaba.

Un día, Seymour cantó para el presidente de Estados Unidos. Al presidente Coolidge le gustó la canción de Seymour. ¡Ayudó a traer a la familia de Seymour a Estados Unidos!

De adulto, Seymour grabó discos. Este es el frente y el dorso de uno de sus discos.

Clotilde Arias

La historia de Clotilde

Clotilde Arias creció en Perú. De niña, amaba la música. También le gustaba escribir poemas y canciones. Quería ir a la escuela para aprender más sobre música. Pero no había muchas escuelas de música en Perú.

Clotilde fue a una escuela de música como esta.

Clotilde sabía que había más escuelas de música en Estados Unidos. Entonces, en 1923 se mudó a la ciudad de Nueva York.

Clotilde estaba entusiasmada con la idea de estudiar música. Pero para su familia era difícil ganar dinero. Debió abandonar sus estudios. Consiguió trabajo como enfermera para ayudar a su familia.

Clotilde (extrema derecha) posa junto a otras enfermeras.

Clotilde estaba triste. Pero no abandonó su sueño. Trabajó arduamente en muchos trabajos. Incluso escribió canciones para vender cosas por la radio.

Clotilde canta una canción en la radio.

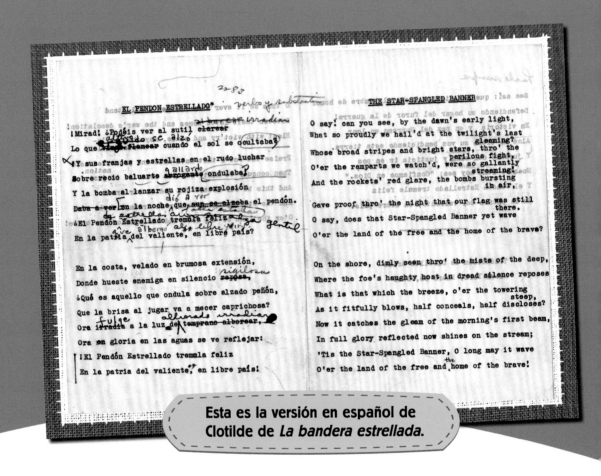

Esta es la versión en español de Clotilde de *La bandera estrellada*.

En 1945, Clotilde tuvo la oportunidad de hacer algo importante. Le pidieron que escribiera una versión en español de *La bandera estrellada*. Es el **himno** nacional. Es la canción de Estados Unidos.

Esta mujer canta el himno de Clotilde hoy en día.

Fue un gran **honor**. Clotilde estaba feliz de hacerlo. Ahora, más personas podrían cantar la canción. Muchos inmigrantes han cantado la canción de Clotilde. Muchos la cantan aún.

La historia de Albert

Albert Pujols creció en República Dominicana. Le encantaba jugar al béisbol. Jugaba al béisbol después de la escuela. Jugaba hasta que era tan tarde que no podía ver la pelota.

Se muestran una pelota, un guante y un bate de béisbol.

Pero la abuela de Albert quería que tuviera una mejor vida. Pensó que Albert tendría más posibilidades de **triunfar** en Estados Unidos. En 1996, la familia de Albert se mudó a Misuri.

Albert Pujols

Albert se convirtió en la estrella del equipo de béisbol de su escuela preparatoria. Las personas se dieron cuenta de que era bueno. En el 2001, los Cardinals de Saint Louis le pidieron que se uniera al equipo.

Albert batea un jonrón en el 2011.

Albert ya era un jugador de béisbol **profesional**. Le pagaban por jugar al béisbol. Se convirtió en uno de los mejores jugadores de la historia. El sueño de Albert se hizo realidad.

Jugar para los Angels

En el 2012, Albert comenzó a jugar al béisbol con los Angels. Los Angels son un equipo de California.

Albert enseña a jugar al béisbol a niños en República Dominicana.

Una tierra de inmigrantes

Estados Unidos es una tierra de inmigrantes. Llegan a Estados Unidos desde distintos países del mundo. Se mudan aquí por diferentes razones.

Estos niños llegaron a Estados Unidos de otro país.

Los inmigrantes aportan sus talentos e ideas. Hacen cosas importantes por Estados Unidos. Ayudan a que Estados Unidos sea un gran país.

Los inmigrantes ven la Estatua de la Libertad en Nueva York por primera vez.

¡Dibújalo!

Imagina que eres uno de los inmigrantes de este libro. ¿Cómo te sentirías acerca de tu viaje a Estados Unidos? Haz un dibujo para mostrar tus sentimientos.

Estos inmigrantes agitan banderas estadounidenses.

Esta niña está haciendo un dibujo de un inmigrante.

Glosario

cupos: límites

himno: una canción formal de lealtad, alabanza o felicidad

honor: el respeto brindado a alguien a quien se admira

huérfano: un niño que no tiene padres

inmigración: cuando las personas se mudan a otro país para vivir allí

inmigrantes: personas que se mudan a otro país para vivir allí

ley: una norma dictada por el gobierno

profesional: que realiza un trabajo por dinero

triunfar: lograr lo que intentas hacer

Índice analítico

¡Tu turno!

Una canción especial

Seymour cantó una canción para el presidente. La letra de la canción hizo que el presidente quisiera ayudar a la familia de Seymour. Escribe una canción especial sobre la inmigración. Ajusta la canción a una melodía que ya conoces.